BEI GRIN MACHT SICH I...
WISSEN BEZAHLT

- Wir veröffentlichen Ihre Hausarbeit,
  Bachelor- und Masterarbeit

- Ihr eigenes eBook und Buch -
  weltweit in allen wichtigen Shops

- Verdienen Sie an jedem Verkauf

**Jetzt bei www.GRIN.com hochladen
und kostenlos publizieren**

Sandra Stevanovic

Wie funktioniert und was leistet die Function-Point-Methode zur Kalkulation von Projektkosten?

Wo liegen ihre Grenzen? Gibt es noch andere Methoden?

GRIN Verlag

Bibliografische Information der Deutschen Nationalbibliothek:

Die Deutsche Bibliothek verzeichnet diese Publikation in der Deutschen National-
bibliografie; detaillierte bibliografische Daten sind im Internet über http://dnb.d-
nb.de/ abrufbar.

Impressum:

Copyright © 2011 GRIN Verlag, Open Publishing GmbH
Druck und Bindung: Books on Demand GmbH, Norderstedt Germany
ISBN: 978-3-640-84403-6

Dieses Buch bei GRIN:

http://www.grin.com/de/e-book/167793/wie-funktioniert-und-was-leistet-die-
function-point-methode-zur-kalkulation

GRIN - Your knowledge has value

Der GRIN Verlag publiziert seit 1998 wissenschaftliche Arbeiten von Studenten, Hochschullehrern und anderen Akademikern als eBook und gedrucktes Buch. Die Verlagswebsite www.grin.com ist die ideale Plattform zur Veröffentlichung von Hausarbeiten, Abschlussarbeiten, wissenschaftlichen Aufsätzen, Dissertationen und Fachbüchern.

Besuchen Sie uns im Internet:

http://www.grin.com/

http://www.facebook.com/grincom

http://www.twitter.com/grin_com

Sandra Stevanovic

Assignment

Wie funktioniert und was leistet die Function-Point-Methode zur Kalkulation von Projektkosten? Wo liegen ihre Grenzen? Gibt es noch andere Methoden?

SWE03

Thema 11

AKAD Hochschule Leipzig

I Inhaltsverzeichnis

II Abbildungsverzeichnis

1. Einleitung

1.1. Einführung in die Thematik

Gerade in der heutigen Zeit ist die frühzeitige Abschätzung des Entwicklungsaufwands für ein Softwareprodukt, besonders der Kosten, von zentraler und großer Bedeutung. Die Kosten für Softwareprodukte für Unternehmen sind meist sehr hoch, vor allem wenn es sich um Individualsoftware handelt. Daher gilt es, bei der Entwicklung von Software ein besonderes Augenmerk auf die Kosten zu haben. Zur Prüfung der Wirtschaftlichkeit der Investition in ein neues Softwareprodukt ist für ein Unternehmen eine möglichst exakte Vorhersage des Entwicklungsaufwands nötig und unumgänglich. Denn der größte Kostenanteil eines Softwaresystems wird im Wesentlichen durch die Entwicklungskosten bestimmt, wobei der größte Anteil hier wiederum bei den Personalkosten liegt. Die Function-Point-Methode ist eine algorithmische Standardschätzmethode, die in vielen Unternehmen für diese Problematik weltweit eingesetzt wird. Function-Points werden dazu als Basis für die Aufwandsschätzung eingesetzt.

1.2. Zielsetzung des Assignments

Zielsetzung dieses Assignments ist es, die Function-Point-Methode als Standardschätzmethode für den Aufwand der Entwicklung von Software näher zu beleuchten. Dazu wird zuerst grundsätzlich die Funktion der Function-Point-Methode erläutert, bevor ein kurzer Blick auf die Historie folgt. Dann wird der Ablauf der Function-Point-Methode in den einzelnen Schritten in Kapitel 3 erläutert und beispielhaft dargestellt. Vervollständigt wird das Thema mit kritischen Anmerkungen sowie dem Aufzeigen der Grenzen. Ein Fazit beendet das Assignment.

2. Funktion und Historie der Function-Point-Methode

Die Function-Point-Methode dient dazu, die Funktionalität einer Software zu messen, die in Bezug auf die Anwender gegeben ist. Die Function-Point-Methode basiert auf der Grundidee, dass Funktionen der Aufgabenstellungen nach Umfang, Art und Schwierigkeitsgrad über die sogenannten Function-Points bewertet werden. Für die Funktionalität dienen Function-Points als Maßeinheit, welche unabhängig von den technischen Ausführungen (z. B. Sprache, Struktur, Entwicklungsmethode) sind.[1] In der Softwareentwicklung können Function-Points auch als Basis für ein Benchmarking herangezogen werden.[2] In der Literatur wird die Function-Point-Methode auch als Function-Point Analysis oder Function-Point-Verfahren bezeichnet.

Die Function-Point-Methode wurde im Jahre 1979 von Allan J. Albrecht, einem IBM-Mitarbeiter, entwickelt und später auf einer Tagung in Monterrey, Kalifornien, vorgestellt.[3] Das Verfahren hat sich im Laufe der Zeit in verschiedene Varianten weiterentwickelt. Seit 2003 ist die Methode unter anderem auch in der ISO/EC Norm 20926 standardisiert.[4]

Abb. 1: Allan J. Albrecht[5]

3. Schritte der Function-Point-Methode

Die Function-Points werden über eine Formel berechnet und anschließend in den Entwicklungsaufwand transformiert.[6] Da das Verfahren recht einfach und

---

[1] Vgl. http://www.computerwoche.de/heftarchiv/1996/38/1109231/
[2] Vgl. http://de.wikipedia.org/wiki/Function-Point-Verfahren
[3] Vgl. D. Garmus, D. Herron, Function Point Analysis. Measurement Practices for Successful Software Projects, 1. Auflage, New Jersey, 2000, Seite XV ff
[4] Vgl. H. Balzert, Lehrbuch der Softwaretechnik. Basiskonzepte und Requirements Engineering, 3. Auflage, Heidelberg, 2009, Seite 527
[5] Vgl. H. Balzert, 2009, Seite 527

leicht verständlich ist, kann es auch von Nicht-IT-Fachleuten für eine frühzeitige Aufwandsabschätzung angewandt werden. Dazu ist allerdings Voraussetzung, dass die laufenden Erfahrungswerte fortgeschrieben werden.[7] Die Function-Point-Methode läuft in den folgenden Schritten ab.

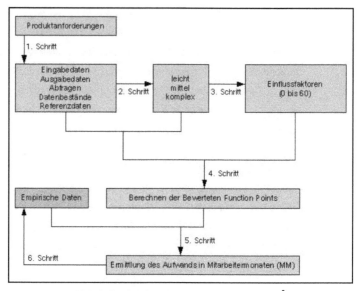

Abb. 2: Die Schritte der Function-Point-Methode[8]

In den nachfolgenden Unterkapiteln werden nun die Schritte der Function-Point-Methode erläutert und anhand von Beispielen dargestellt.

3.1. Kategorisierung der Anforderungen

Zuerst wird das Softwareprojekt in kleinste einzelne sinnvolle Funktionen oder Prozesse zerlegt. Dann wird jede einzelne Produktanforderung

---

[6] Vgl. A. Fink, G. Schneidereit, S. Voß, Grundlagen der Wirtschaftsinformatik, 2., überarbeitete Auflage, Heidelberg, 2005, Seite 193
[7] Vgl. D. Abts, W. Mülder, Grundkurs Wirtschaftsinformatik. Eine kompakte und praxisorientierte Einführung, 6., überarbeitete und erweiterte Auflage, Wiesbaden, 2009, Seite 326
[8] http://www.imn.htwk-leipzig.de/~weicker/pmwiki/pmwiki.php/Main/Function-Point-Analyse

(Funktion) in eine der Kategorien Eingabedaten, Ausgabedaten, Daten-
bestände (Sicherung, Pflege), Referenzdaten und Abfragen eingeordnet.[9]

3.2. Klassifizierung der Funktionen und Daten

Im zweiten Schritt werden jetzt den jeweiligen Kategorien die Schwierigkeits-
grade einfach, mittel und komplex zugeordnet. Für jede entstehende Kom-
bination aus Funktionskategorie und Gewichtung wird ein Schwierigkeits-
gradwert im Bereich von 1 bis 15 geschätzt, wobei der Wert 15 die höchste
Schwierigkeit darstellt. Im dritten Schritt werden nun Anzahl und Schwierigkeitsgrad multipliziert. Die Summe ergibt die „Used Function-Points". Die
folgende Abbildung zeigt ein selbst gewähltes Beispiel.

Kategorie	Anzahl	Schwierigkeitsgrad	Funktionszahl
	15	Einfach = 1	15
Eingabedaten	11	Mittel = 2	22
	5	Komplex = 3	15
	30	Einfach = 3	90
Ausgabedaten	4	Mittel = 5	20
	1	Komplex = 10	10
	37	Einfach = 1	37
Datenbestande	6	Mittel = 4	24
	9	Komplex = 7	63
	13	Einfach = 2	26
Referenzdaten	10	Mittel = 6	60
	17	Komplex = 7	119
	1	Einfach = 1	1
Abfragen	3	Mittel = 2	6
	21	Komplex = 5	105
	Summe		**613**

Abb. 3: Kategorisierung und Klassifizierung

---

[9] Vgl. D. Abts, W. Mülder, 2009, Seite 325 ff

3.3. Bestimmung der Einflussfaktoren

Bei diesem vierten Schritt können noch verschiedene Einflussfaktoren berücksichtigt werden. Insgesamt werden 14 Einflussfaktoren von der IFPUG (International Function-Point Users Group) vorgeschlagen. Die IFPUG empfiehlt, 7 Einflussfaktoren mit Zahlen zu bewerten, die den wesentlichsten Einfluss auf die Entwicklung haben.[10] Jeder Einflussfaktor kann anhand einer Skala von 0 bis 5 bewertet werden, wobei der Wert 5 einen sehr starken Einfluss und der Wert 0 gar keinen Einfluss darstellt. Die Summe der Einflussfaktoren darf einen Wert von 60 nicht überschreiten.[11] Die folgende Abbildung stellt eine Beispieltabelle der Bestimmung von allen 14 Einflussfaktoren dar.

Kriterium	Wert
Datenkommunikation	4
Verteilte Datenverarbeitung	2
Geschwindigkeit	3
Konfigurierbarkeit	2
Transaktionsrate	3
Echtzeit-Dateneingabe	4
Benutzerfreundlichkeit	5
Echtzeit-Datenpflege	4
Prozesslogik	1
Wiederverwendbarkeit	1
Installation	2
Systems Management	4
unabhängige Installationen	0
Änderbarkeit	2
Summe	37

Abb. 4: Bewertung von Einflussfaktoren[12]

---

[10] http://www.projekt-infos.de/projekt-3.2.html
[11] Vgl. A. Fink, G. Schneidereit, S. Voß, 2005, Seite 194
[12] http://de.wikipedia.org/wiki/Function-Point-Verfahren

3.4. Berechnung des Function-Point-Wertes

Um die Summe der gewichteten Function-Points zu erhalten, muss als nächstes noch der Schwierigkeitsfaktor berechnet werden.[13] Die Formel für den Schwierigkeitsfaktor lautet:

Summe der Einflussfaktoren * 0,01 + 0,65[14]

Die Summe der Einflussfaktoren kann der Tabelle aus Abbildung 4 im vorigen Abschnitt entnommen werden. Bei dem hier aufgezeigten Beispiel liegt der Schwierigkeitsfaktor, wie die folgende Berechnung zeigt, bei einem Wert von 1,02.

$$37 * 0,01 + 0,65 = \underline{1,02}$$

Anhand der Summe, den Used Function-Points (entnommen der Tabelle aus Abbildung 3) und dem errechneten Schwierigkeitsfaktor, kann nun anhand der folgenden Formel der gewichtete Function-Point-Wert berechnet werden.

Used Function-Point * Schwierigkeitsfaktor[15]

In unserem Beispiel ergibt sich somit ein gewichteter Function-Point-Wert von

$$613 * 1,02 = \underline{\textbf{625,26}}$$

Im letzten Schritt können anhand von auf Erfahrungswerten basierenden Wertetabellen oder externen Daten der Aufwand in Personenmonaten abgeleitet werden.[16]

Die Abbildung zeigt eine selbst gewählte beispielhafte Wertetabelle.

---

[13] Vgl. A. Fink, G. Schneidereit, S. Voß, 2005, Seite 194
[14] Vgl. http://de.wikipedia.org/wiki/Function-Point-Verfahren
[15] Vgl. H. W. Wieczorrek, P. Mertens, Management von IT-Projekten. Von der Planung zur Realisierung, 4. Auflage, Heidelberg, 2011, Seite 270
[16] Vgl. A. Fink, G. Schneidereit, S. Voß, 2005, Seite 194

Projekt	Function-Points	Mitarbeitermonate
abd	10	1
def	19	2
ghi	60	5
jkl	89	7
mno	120	10
pqr	310	24
stu	500	39

Abb. 5: Wertetabelle

Es muss somit mit ca. 47 Mitarbeitermonaten für das Projekt gerechnet werden.

4. Kritik und Grenzen

Bei der Function-Point-Methode wird vor allem der hohe Aufwand kritisiert. Als diese Methode entwickelt wurde, waren Großrechner mit deren damaligen Programmierparadigmen im Einsatz. Für den moderneren objekt-orientieren Ansatz ist diese Methode somit nur mit Einschränkungen einsetz-bar. Ein weiterer Kritikpunkt ist die subjektive Einschätzung der Werte. Die Gewichtungen werden willkürlich nach dem jeweiligen eigenen Ermessen gewählt. Beispielsweise können zwei Personen die gleichen Faktoren mit unterschiedlichen Gewichtungen versehen. Ebenso ist die Methode für Systemsoftware aufgrund der starken Datenverarbeitung und Benutzer-interaktionen weniger geeignet.[17] Qualitätsanforderungen an das Produkt werden nicht berücksichtigt.[18] Die Methode ist ferner keine genaue Wirtschaftlichkeitsrechnung, sondern ermöglicht nur eine Gesamtaufwands-schätzung.[19]

---

[17] Vgl. http://de.wikipedia.org/wiki/Function-Point-Verfahren
[18] Vgl. http://www.imn.htwk-leipzig.de/~weicker/pmwiki/pmwiki.php/Main/Function-Point-Analyse
[19] Vgl. E. Hering, J. Gutekunst, U. Dyllong, Handbuch der praktischen und technischen Informatik, 2. Auflage, Heidelberg, 2000, Seite 342

5. Weitere Methoden

Eine weitere Methode der Kostenschätzung ist die COCOMO-Methode, die die Function-Point-Methode als Basis nutzt, um bessere Ergebnisse zu erhalten.[20] Ebenfalls zu nennen ist die Analogiemethode, welche das zu schätzende Projekt mit einem bereits abgeschlossenen, ähnlichen Projekt vergleicht.[21] Oder die Prozentsatzmethode bei der die prozentuale Verteilung des Gesamtaufwands auf die einzelnen Projektphasen als Schätzungsausgangspunkt dient. Diese Methode wird aber aufgrund der Gefahr einer Hochrechnung mit Fehlern meist nur als Plausibilitätskontrolle für bereits vorliegende Schätzungen mit anderen Verfahren genutzt. [22] Abschließend ist noch die Object-Point-Methode zu nennen, ein Metaverfahren, das Regeln zur Ableitung von Schätzverfahren zur Verfügung stellt.[23]

6. Fazit

Die Function-Point-Methode stellt ein funktionsbasierendes Aufwandsschätzverfahren dar, welches durch einen großen Formalismus gekennzeichnet ist. Es hat sich aber als gutes Verfahren für die Aufwands- und Kostenschätzung eines IT-Vorhabens bewährt.[24] Die Vorteile der Function-Point-Methode sind:

- Orientierung an den Projektanforderungen hinsichtlich Funktionsumfang und Komplexität
- Frühzeitige Anwendung möglich, aber auch während des Projektverlaufs
- Transparenz und Genauigkeit der Ergebnisse

---

[20] Vgl. http://www.imn.htwk-leipzig.de/~weicker/pmwiki/pmwiki.php/Main/Function-Point-Analyse
[21] Vgl. G. Drews, N. Hillebrandt, Lexikon der Projektmanagement-Methoden, 1. Auflage, München, 2007, Seite 161
[22] Vgl. F. X. Bea, S. Scheurer, S. Hesselmann, Projektmanagement, Stuttgart, 2008, Seite 152
[23] Vgl. T. Wilczek, Wirtschaftlichkeitsanalysen in IT-Projekten. Methoden, Verfahren, Werkzeuge und Vorgehensmodelle, 1. Auflage, Norderstedt, 2007, Seite 6
[24] Vgl. K. Gruner, C. Jost, F. Spiegel, Controlling von Softwareprojekten. Erfolgsorientierte Steuerung in allen Phasen des Lifecycles, 1. Auflage, Wiesbaden, 2003, Seite 180

- Anpassungsfähigkeit und Dynamik durch Gewinnung von unternehmensspezifischen Erfahrungsdaten[25]

Aufgrund der genannten Vorteile und der noch zu unausgereiften neueren Methoden wird auch heute noch die Function-Point-Methode weltweit angewandt. Da ihr Maß weder von der Technologie noch von der Entwicklungsmethode abhängig ist, liefert sie eine betriebswirtschaftliche Basiskennzahl, sodass auf ihr ein Kostenmanagement aufgebaut werden kann. Sie hat somit für die Aufwandsschätzung von Softwareprodukten nicht an Bedeutung verloren. Weiterhin ist festzustellen, dass zur Schätzung des Aufwands in Softwareprojekten auf unterschiedliche Methoden zurückgegriffen werden kann. Die Schätzung des Aufwands hängt jedoch oft von den Erfahrungen der Experten ab und die meisten Unternehmen sind sich nicht bewusst, welches Kapital im Anlagenbereich „Software" überhaupt gebunden ist.[26] Die Schätzungen werden erst dann zuverlässiger, wenn eine ausreichende Datenbasis von bereits abgeschlossenen vergleichbaren Projekten vorhanden ist. Trotzdem schneidet die Function-Point-Methode, im Vergleich zu anderen Verfahren, am besten ab. Sie ist weltweit akzeptiert und standardisiert. Es bleibt also abzuwarten, ob sich andere Methoden in Zukunft durchsetzen und etablieren können.

---

[25] Vgl. E. Hering, J. Gutekunst, U. Dyllong, 2000, Seite 341
[26] Vgl. http://www.computerwoche.de/heftarchiv/1996/38/1109231/

III Literatur- und Quellenverzeichnis

Abts, Dietmar/Mülder, Wilhelm:
Grundkurs Wirtschaftsinformatik. Eine kompakte und praxisorientierte Einführung, 6., überarbeitete und erweiterte Auflage, Wiesbaden, 2009

Balzert, Helmut:
Lehrbuch der Softwaretechnik. Basiskonzepte und Requirements Engineering, 3. Auflage, Heidelberg, 2009

Bea, Franz Xaver/Scheurer, Steffen/Hesselmann, Sabine:
Projektmanagement, Stuttgart, 2008

Drews, Günter/Hillebrandt, Norbert:
Lexikon der Projektmanagement-Methoden, 1. Auflage, München, 2007

Fink, Andreas/Schneiderreit, Gabriele/Voß, Stefan:
Grundlagen der Wirtschaftsinformatik, 2., überarbeitete Auflage, Heidelberg, 2005

Garmus, David/Herron, David:
Function Point Analysis, Measurement Practices for Successful Software Projects, 1. Auflage, New Jersey, 200

Gruner, Katrin/Jost, Christian/Spiegel, Frank:
Controlling von Softwareprojekten. Erfolgsorientierte Steuerung in allen Phasen des Lifecycles, 1. Auflage, Wiesbaden, 2003

Hering, Ekbert/Gutekunst, Jügen/Dyllong, Ulrich:
Handbuch der praktischen und technischen Informatik, 2. Auflage, Heidelberg, 2000

Wieczorrek, Hans Wilhelm/Mertens, Peter:

Management von IT-Projekten. Von der Planung zur Realisierung, 4. Auflage, Heidelberg, 2011

Wilczek, Tim:

Wirtschaftlichkeitsanalysen in IT-Projekten. Methoden, Verfahren, Werkzeuge und Vorgehensmodelle, 1. Auflage, Norderstedt, 2007

Internetquellen

Belca, Dominik:

http://www.projekt-infos.de/projekt-3.2.html

Abrufdatum: 19. Dezember 2010

o. V.:

http://de.wikipedia.org/wiki/Function-Point-Verfahren

Abrufdatum: 17. Dezember 2010

o. V.:

http://www.imn.htwk-leipzig.de/~weicker/pmwiki/pmwiki.php/Main/Function-Point-Analyse

Abrufdatum: 18. Dezember 2010

o. V.:

http://www.computerwoche.de/heftarchiv/1996/38/1109231/

Abrufdatum: 18. Dezember 2010